AF460521

22 Février 1899
Nice

Nice 22 Février 1899.

CATALOGUE

DES

OBJETS D'ART

ET DU

RICHE MOBILIER

ayant meublé le Château de Saint-Martory

ET

APPARTENANT A Mr L. P...

NICE 1899

NICE. — TYPOGRAPHIE ET LITHOGRAPHIE MALVANO, RUE GARNIER, 1.

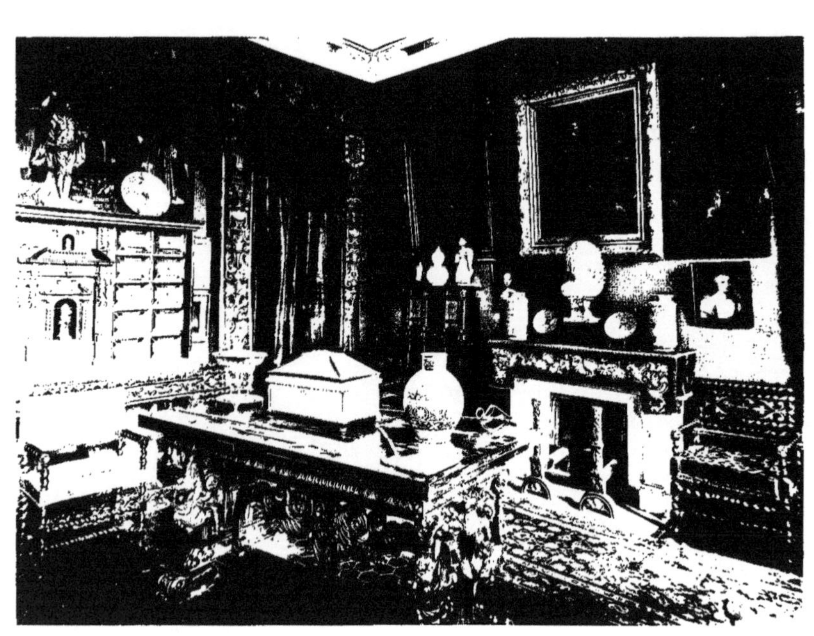

CATALOGUE

DES

OBJETS D'ART

ET DE HAUTE CURIOSITÉ

DU MOYEN AGE, DE LA RENAISSANCE ET DES TEMPS MODERNES

TABLEAUX ANCIENS ET MODERNES

HORLOGERIE – MIROIRS – ARMES – BRONZES

SCULPTURES EN IVOIRE, BOIS ET MARBRES

Faïences et Porcelaines

BEAUX MEUBLES DES XV, XVI, XVII SIÈCLES

ORFÈVRERIE HISTORIQUE

TRÈS BEAUX TAPIS DE LA PERSE

LIVRES

TAPISSERIES ET TENTURES DU XVI SIÈCLE

APPARTENANT A M. L. P....

Le tout ayant meublé le Château de Saint-Martory

et dont la vente aura lieu à NICE

[illegible]

BOULEVARD VICTOR-HUGO, 26

Les Mercredi 25, Jeudi 26, Vendredi 27 et Samedi 28 Janvier 1899

Par le ministère de Mr GINESY, notaire, rue de la Préfecture, 8

Assisté de M. SEMPÉ, expert, avenue de la Gare, 50

N. B. – LA VENTE est renvoyée

aux 22, 23, 24 et 25 Février 1899, à 2 heures

EXPOSITIONS

[illegible]

CONDITIONS DE LA VENTE

Elle sera faite expressément au comptant.

Les acquéreurs payeront **cinq** *pour* **cent** en sus des adjudications.

L'exposition mettant le public à même de se rendre compte de l'état des objets, il ne sera admis aucune réclamation une fois l'adjudication prononcée.

ORDRE DES VACATIONS

Le Mercredi 25 Janvier 1899

Meubles	1	à	25
Bois sculptés	26	à	27
Marbres	28		
Bronzes	29	à	30
Coffrets	31	à	32

Le Jeudi 26 Janvier 1899

Horlogerie	33	à	36
Miroirs	37	à	38
Argenterie	39	à	44
Porcelaines et Faïences	45	à	53
Armes	54	à	57
Tapisseries	58	à	63
Tentures	64	à	68

Le Vendredi 27 et Samedi 28 Janvier

Cristaux de Roche	69		
Miniatures	70		
Tableaux Anciens	71	à	92
Tableaux Modernes	93	à	97
Etoffes Anciennes et objets divers	98	à	123
Livres Anciens et Modernes	124	à	178

N.-B. — L'ordre numérique ne sera pas suivi.

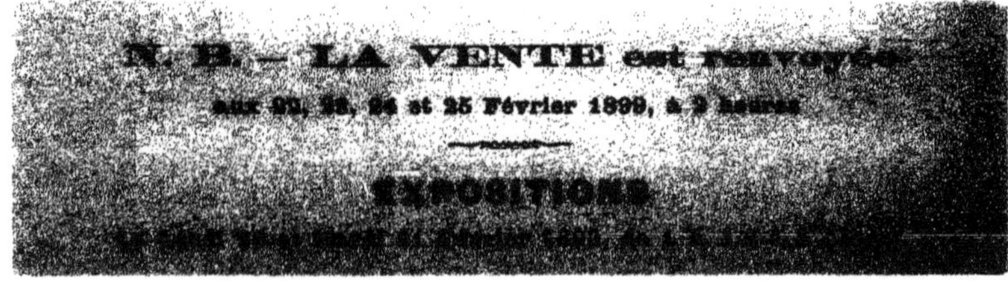
N. B. — LA VENTE est renvoyée

aux 22, 23, 24 et 25 Février 1899, à 2 heures

EXPOSITIONS

Désignation des Objets

MEUBLES

1 — **Grand Cabinet en ébène.** Art italien, fin du XVIe siècle.

Ce Cabinet, d'une décoration somptuaire, repose sur un soubassement composé de quatre pieds tors ornés de chapiteaux sculptés et dorés. La partie centrale, de belle forme architecturale, est décorée de quatre superbes cariatides de femme aux torses nus se terminant en gaine et en bronze doré. Sur les côtés, vingt tiroirs ont leur face entièrement recouverte de bronzes ajourés et dorés. Dans une niche, ménagée au centre, une statuette de femme en bronze complète cette riche décoration.

Hauteur, 2 mètres; largeur, 1m,80.

2 — **Cabinet en ébène.** Art italien, fin du XVIe siècle.

Ce Cabinet, dont l'ornementation rappelle le précédent, repose sur une table rectangulaire en bois de noyer à pieds tors reliés par un fer à croisillon. Le couronnement est formé d'une galerie en ébène à balustres de bronze doré. Une statuette d'Hercule, au centre, en complète la décoration.

Hauteur, 1m,85 ; largeur, 1m,70.

3 — **Chaise seigneuriale en noyer sculpté.** XVIe siècle.

Le panneau du milieu présente des arabesques de fleurs et de fruits et des têtes de chimères sculptées en haut relief dans le plus pur style de la Renaissance. Il est flanqué de deux pilastres à chapiteaux finement sculptés. Les accotoirs sont supportés par des balustres se terminant en figures de grotesque. L'extérieur des panneaux qui forment le siège offrent, dans un médaillon circulaire, un buste d'homme de profil.

Hauteur, 2m,30 ; largeur, 0m,85.

Ce meuble a subi quelques restaurations.

4 — **Table en noyer sculpté.** Style Renaissance.

Cette table rappelle par sa composition les modèles gravés par Du Cerceau. Sur les patins des extrémités, décorés de masques et de feuillages fortement refouillés, se dressent les supports en éventail en forme de chimères en haut relief à griffe de Lion, adossées, séparées par un aigle debout, entouré d'une guirlande de fruits, traitée également en haut relief. L'entretoise qui réunit les deux patins et les deux éventails se compose d'une double console à rinceaux feuillagés. La ceinture de la table, qui est à rallonges, est entièrement contournée d'un rang d'oves et de coquilles alternées.

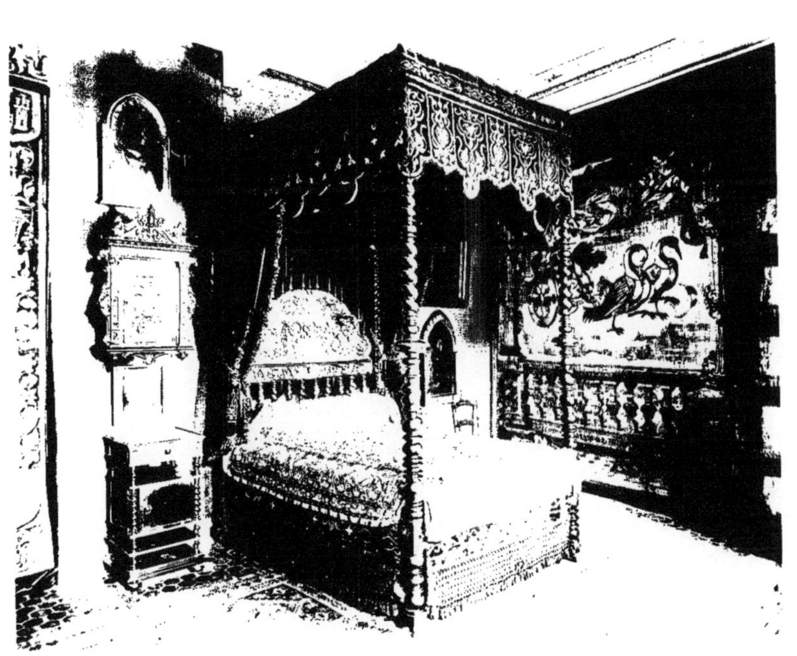

La belle exécution et la patine de cette magnifique pièce sont à remarquer. C'est une reproduction de l'original, qui se trouvait au Musée du Bourg, faite à Paris, il y a de nombreuses années, avec des madriers de bois centenaires par le sculpteur Etienne.

Hauteur, 0m,90 ; longueur, 1m,72.

5 — **Lit en palissandre sculpté.** XVIIe siècle.

Le dossier forme d'un grand panneau richement sculpté et doré, en partie, présente au centre une armoirie princière. Il est soutenu par une double rangée de balustres tors. Le ciel du lit est supporté par quatre colonnes tournées de forme élégante. Ses tentures se composent de rideaux et lambrequins en belle tapisserie moderne de style oriental.

Ce lit est un spécimen remarquable de l'art portugais au XVIIe siècle.

Hauteur, 3m,08 ; largeur, 1m,62 ; longueur, 2m,25.

6 — **Grand Coffre gothique.** XVe siècle.

Le devant du Coffre présente une composition de sept arcatures ogivales surmontées d'une frise formée de fruits et de fleurs d'un merveilleux travail.

Au centre, sous une belle serrure en fer repercé à jour, et dont le moraillon est orné d'une figure de sainte, on voit un écusson fleurdelisé. Les extrémités du Coffre sont décorées de la même manière.

Bois de chêne.

Hauteur, 0m,85 ; largeur, 1m,80.

Ce meuble a subi une restauration aux pieds et au couvercle.

7 — **Coffre gothique.** XVe siècle.

Le devant est formé d'un grand panneau à cinq arcatures gothique fleuri. Les côtés sont unis. Serrure remplacée par un carré de velours.

Bois de noyer.

Hauteur, 0m,80 ; largeur, 1m,42.

8 — **Coffre Renaissance.** Art français XVIe siècle.

Le panneau de devant, sculpté en relief, est formé de guerriers chimériques, d'oiseaux et de fleurs s'enlaçant, dans le plus pur style du XVIe siècle. Serrure en fer forgé. Les panneaux de côté ont été refaits. Il est attribué à Bachelier.

Bois de noyer.

Hauteur, 0m,69; largeur, 1m,60.

9 — **Coffre à bois.** Fin du XVe siècle.

Ce Coffre, recouvert de velours cerise, a ses trois faces ornées de gros clous gothiques en fer repoussé. Le battant du couvercle offre une grande armoirie flanquée de deux enfants nus et adossés, également en fer repoussé du XVe siècle

Hauteur, 0m,82; largeur, 1m,05.

10 — **Dressoir de Du Cerceau.**

Le haut, orné de deux panneaux finement sculptés à sujets mythologiques, est incrusté de plaquettes de marbre vert veiné de blanc. Le bas, formé de colonnettes élégantes, présente une frise de chevaux marins.

Ce meuble, qui a une très belle patine, est une copie faite, il y a de nombreuses années, et provient de la vente Roybet.

Bois de noyer.

Hauteur, 1m,75; largeur, 0m,93.

11 — **Petit meuble d'applique.**

A une seule porte en noyer sculpté.

Le panneau du milieu, les côtés et le fronton représentent de magnifiques ornements de style Renaissance.

Provient de la vente Roybet.

Hauteur, 1m,05; longueur, 0m,65.

12 — **Fauteuil en noyer.** Art italien XVIe siècle.

Il affecte la forme d'un X mouvant autour d'un axe. Il se compose de plusieurs éléments s'emboitant les uns dans les autres.

13 — **Fauteuil Henri II.** Art français XVIe siècle.

A accoudoirs tors à têtes de lion, richement couvert en velours rouge avec application et broderie du XVIe siècle.

14 — **Fauteuil Henri II.**

Pendant du précédent.

15 — **Fauteuil Henri II.**

Pendant du précédent.

16 — **Fauteuil Henri II.**

Pendant du précédent.

17 — **Fauteuil Henri II.**

Accoudoirs à balustre à têtes de lion. Il est couvert d'une riche brocatelle du XVIe siècle.

18 — **Fauteuil Henri II.**

Pendant du précédent.

19 — **Fauteuil Henri II.**

Avec accoudoirs tors à têtes de lion, couvert de la même brocatelle que les précédents.

20 — **Fauteuil Henri II.**

Pendant du précédent.

21 — **Table ronde.**

Elle est tournante et à quatre abattants, supportée par cinq pieds en noyer tourné, style du XVIe siècle.

Hauteur, 0^m,78; largeur, 0^m,80.

22 — **Table ronde.**

Pareille à la précédente.

23 — **Dressoir.** Style Renaissance.

La partie supérieure de ce dressoir a la forme d'un trèfle dont les trois panneaux arrondis, séparés par un double montant cannelé, sont entièrements couverts de rinceaux, de fleurs et d'arabesques. Elle est supportée par quatre belles cariatides en ronde bosse à figure et torse d'homme et de femme se terminant en gaine.

Ce meuble, d'une forme élégante extrêmement rare et d'un travail d'ornementation d'une perfection et d'une finesse d'exécution absolument remarquables, a été fait à Lyon, vers le milieu de ce siècle.

Bois de noyer.

Hauteur, 1^m,50; largeur, 0^m,95.

24 — **Dressoir.** Style Renaissance.

Ce meuble est le pendant du précédent.

25 — **Petit Meuble à Bijoux.** Buis sculpté.

La partie supérieure de ce meuble est composée de deux vantaux s'ouvrant sur quatre tiroirs. Elle est supportée par huit colonnettes s'appuyant sur une base moulurée en bois de noyer. La face du meuble est entièrement ornée de plaques de buis sculptées dans le style de la renaissance italienne.

Travail d'une grande finesse d'exécution.

Hauteur, 1m,50; largeur, 0m,80.

BOIS SCULPTÉS

26 — **Le Crucifiment.** Art flamand, XVIe siècle.

Le Christ est crucifié entre les deux larrons et la Madeleine embrasse le pied de la Croix. A gauche on aperçoit saint Jean et les saintes femmes en pleurs ; à droite, un groupe de juifs et de soldats à cheval armés de piques.

Tous les personnages sont peints et dorés et d'un très beau relief.

Hauteur, 1 mètre; largeur, 0m,65.

27 — **Saint Jean l'Évangiste.** Art espagnol, XVIe siècle.

Debout, dans l'attitude de la prédication, il est vêtu d'un grand manteau, laissant le torse et les bras à découvert. Il porte la barbe et de longs cheveux tombant sur ses épaules, un agneau est couché à ses pieds.

Statuette en bois avec traces de peinture.

Hauteur, 0m,70.

MARBRES

28 — **Buste de femme.** Art français, XVIIIe siècle.

Portrait de la Duchesse d'Altamira. Elle porte les cheveux en forme de perruque, tombant sur ses épaules à la mode de la Cour de Charles III. Sur un fichu Marie-Antoinette, couvrant ses épaules, se détache le cordon des dames d'honneur de la Cour. Socle en marbre jaune veiné.

Superbe sculpture exécutée à Paris, à l'occasion du voyage que fit la Duchesse pour venir assister au mariage de Louis XVI. Il est attribué à Houdon.

Hauteur, 0m,62 avec le socle.

BRONZES

29 — **Deux Chenets** en bronze doré.

Formés de bases à guirlandes de chênes surmontés de gros vases ornés d'anses et de flammes.

Epoque Louis XVI.

BRONZES MODERNES

30 — **Groupe.**

Ariane, le corps nu, étendue sur une lionne, le buste relevé, tient de sa main droite une grappe de fruits et soutient de sa main gauche l'extrémité d'une draperie sur laquelle son corps repose.

Ce beau groupe est signé : Clesinger, Rome, 1866.

Hauteur, 0m,78; longueur, 0m,86.

COFFRETS

31 — **Coffret en laque.** XVIe siècle.

Couvercle à dos d'âne. Vieux laque burgauté, richement décoré de fleurs et d'oiseaux fantastiques. La serrure en cuivre doré présente une armoirie de cardinal.

Hauteur, 0m,42; longueur, 0m,45.

32 — **Coffret en ivoire de style gothique.**

Le panneau du milieu représente l'Adoration des rois mages. Celui qui lui fait face, des scènes de l'Ancien Testament. Les côtés, la Fuite en

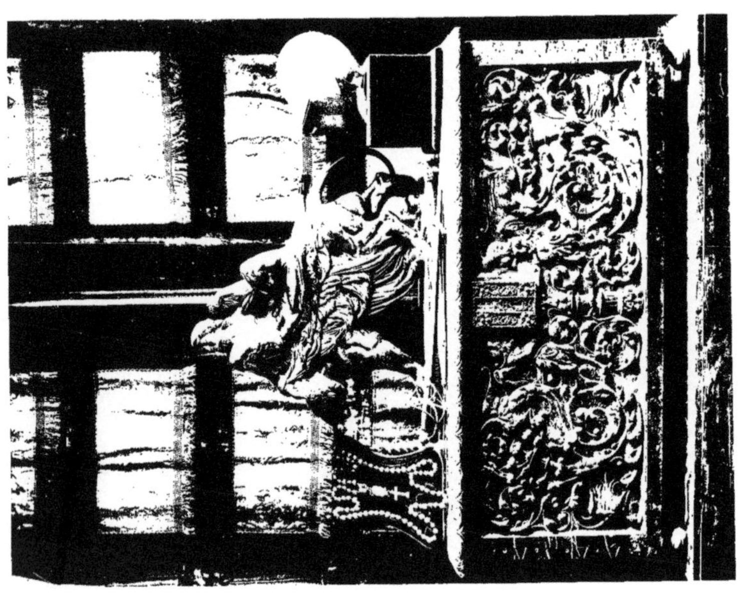

Egypte, le Massacre des Innocents et l'Adoration des bergers. Le couvercle à pans coupés représente l'Assomption et des scènes du Nouveau Testament, surmontées d'armoiries. Une statuette couchée en demi ronde bosse couvre la plate-forme du couvercle.

HORLOGERIE

33 — **Pendule en vernis Martin**, forme violon, sur son socle.

Richement ornée de bronzes finement ciselés. Elle est surmontée d'un vase en bronze doré d'où sortent des fleurs.

Elle est signée : Maugeant, à Paris.

Hauteur, 1m,28.

Provient du château de Saint-Martory. Vente duchesse de Berghes.

34 — **Baromètre** faisant pendant à la Pendule ci-dessus.

Il est signé : Mombro.

35 — **Pendule d'applique en bronze doré.**

Elle est surmontée d'une belle statue de la Renommée. Au-dessous du cadran, une tête de satyre. Le tout entouré de guirlandes de chêne.

Très beau travail moderne.

Hauteur, 1m,67.

36 — **Baromètre,** faisant pendant à la pendule ci-dessus.

MIROIRS

37 — **Miroir Louis XIII.**

En verre de Venise biseauté, orné d'un superbe fronton en cuivre repoussé, ciselé et doré, formé de fleurs entrelacées. Il est entouré d'un triple rang de bandes et de huit rosaces en cuivre repoussé et ajouré.

Très beau travail de l'époque Louis XIII.

Hauteur, 1m,25 ; largeur, 0m,85.

38 — **Miroir, style Louis XIII.**

Le cadre est formé de plaques d'os sculptées, anciennes, représentant des personnages sur fond de fleurs et reliés par des motifs d'ébène.

Travail moderne.

Hauteur, 0m,53 ; largeur, 0m,44.

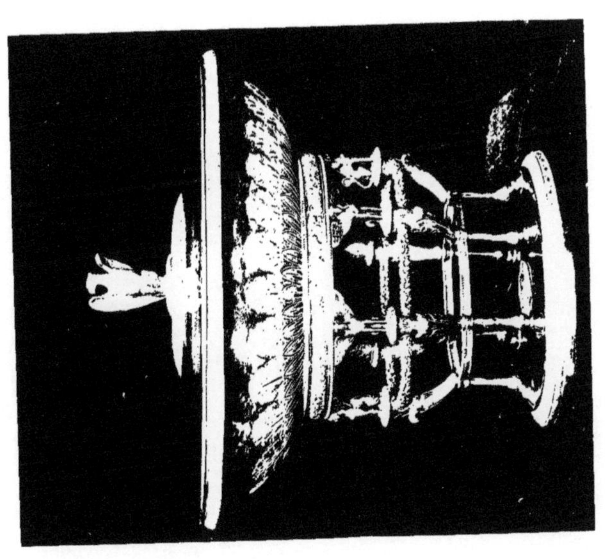

ARGENTERIE

39 — **Soupière Empire.**

A l'importance de cette pièce, qui est un des beaux spécimens du style néo-grec qu'ait produit l'époque de l'empire, vient s'ajouter le souvenir historique qu'elle rappelle.

Elle porte les armes de l'Impératrice Joséphine, en relief, sur le soubassement, et gravées, sur le couvercle. L'initiale de son prenom J., qui figure au bas de ses armoiries, est plusieurs fois répétée, dans un médaillon réservé, sur la frise où vient s'appuyer le soubassement.

Son couvercle, qui est surmonté d'une figure d'aigle en ronde bosse, porte, au revers, la signature suivante : Biennais, orfèvre de LL. MM. Imp^{les} et Roy^{les}, à Paris.

Hauteur, 0^m,32 ; longueur, 0^m,35.

40 — **Service à Bière en argent.**

Il se compose d'une canette à couvercle, portant une armoirie gravée, et de six chopes.

41 — **Grand Plateau en argent,** gravé et ciselé, venant de chez Odiot.

42 — **Plateau en argent,** gravé et ciselé, venant de chez Odiot.

43 — **Plateau en argent,** gravé et ciselé, venant de chez Odiot.

44 — **Plateau en argent,** uni, reposant sur quatre pieds.

PORCELAINES

45 — **Buen Retiro.**

Grand vase à piédouche rond, sur base carrée. Guirlande de fleurs au culot. La panse ornée de corbeilles de fleurs. Anses formées de deux têtes de satyre en relief. Fleurs et rubans à la naissance du col. Couvercle ornementé de même.

Décor polychrome. Louis XVI.

Hauteur, 0m,60.

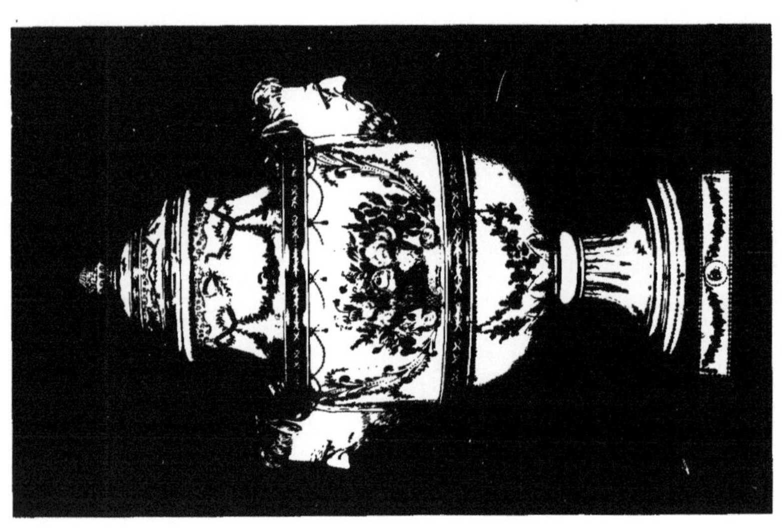

FAIENCES PERSANES

46 — **Carreau de revêtement.**

Il est décoré d'une armoirie portant un aigle couronné à deux têtes, à reflets métalliques.

Diamètre, 0m,15.

47 — **Grande plaque de revêtement.**

Fragment de la moitié, portant des caractères arabes en relief, émaillés en bleu, sur un fond à reflets métalliques. Les côtés de la plaque sont bordés d'un boudin décoré.

Hauteur, 0m,32 ; largeur, 0m,56

48 — **Carreau de revêtement.**

Polychrome, décoré de quatre rosaces avec bouquets de fleurs sur fond blanc.

Diametre, 0m,38 carrés.

FAIENCES DIVERSES

49 — **Deruta.**

Petit plat profond, à large marli, à reflets métalliques, XVIe siècle.

Diamètre, 0m,20.

50 — **Deruta.**

Petit plat décoré d'imbrications à reflets métalliques. XVIe siècle.

Diamètre, 0m,23.

51 — **Alcora.**

Plat godronné en creux, orné de fleurettes, une figure de serpent enlaçant un lézard, traitée en relief, dans le genre Bernard Palissy, en occupe le centre.

Diamètre, 0m,23.

52 — **Castel-Durante.**

Potiche de forme sphérique, s'amincissant à la base et au col. Sur la panse, dans un médaillon, un portrait de femme. Décor polychrome. XVIe siècle.

Hauteur, 0m,36.

53 — **Delft.**

Gourde à double renflement. Décor Camaïeu bleu de fleurs et d'oiseaux alternés.

Hauteur, 0m,38.

ARMES

54 — **Armet.**

A crête élevée et à visière articulée, décoré de bandes à ornements en fer ciselé et gravé. Travail milanais du XVIe siècle.

55 — **Belle épée.**

A triple garde, à quillons droits et à pommeau couverts d'incrustations d'argent, ciselé en relief. La lame porte une marque de fabrique. Travail du XVIe siècle.

Très bel état de conservation.

56 — **Ceinturon porte-épée.**

En cuir découpé et orné avec boucles et attache en fer gravé et doré. XVIe siècle. — Pièce assez rare.

57 — **Beau couteau de chasse.**

A longue poignée ovoïde et pommeau formé par une belle armoirie en relief, avec quillons courbes se dirigeant vers la lame, le tout en argent. Superbe lame en acier bruni, niellée argent. Travail moderne, attribué au duc de Luynes, gaine en velours bleu portant des garnitures en argent ciselé, dans un cartouche l'inscription suivante : Hommage du duc de Luynes au comte de Gontaut-Biron.

TAPISSERIES

58 — **Tapisserie.**

Composée de plusieurs personnages, portant le costume de l'époque de Louis XII. Celui qui occupe le premier plan est armé d'une pique et porte un olifant à la ceinture. Flandre, XVe siècle.

Hauteur, 2m,15; largeur, 1m,68.

59 — **Grande verdure.**

Représentant, au milieu d'une riche végétation, différents animaux : antilopes, oiseaux, un léopard. Au centre, un lion et un griffon debout. Flandre, XVe siècle.

Hauteur, 2m,25; largeur, 2m,60.

60 — **Tapisserie** au petit point.

De forme ovale, avec l'inscription « Ratione actiones temperantur ». Représentant un épisode de l'histoire d'Ulysse que l'on aperçoit monté sur une riche galère. XVIe siècle.

Hauteur, 0m,93; largeur, 1m,68.

61 — **Tapisserie.**

Représentant le roi David et le prophète Ezéchiel, avec belle bordure formée de personnages, de fleurs, de fruits et d'oiseaux. XVIe siècle.

Hauteur, 3 mètres; largeur, 1m,85.

62 — Portière en tapisserie de la Renaissance.

Sur un fond de verdure, représentant une chasse.

Hauteur, 2m,65 ; largeur, 1m,78.

63 — Grande tapisserie toute en soie.

Au premier plan, dans un cadre architectural on voit une terrasse ornée d'une galerie formée par des balustres et flanquée, à chacune de ses extrémités, d'une colonne ornée de guirlandes de fleurs soutenant une draperie relevée par des amours. Au second plan, Mercure sur un char traîné par deux grands cygnes.

Hauteur, 3m,85 ; largeur, 2m,40.

Epoque Louis XV.

TENTURES

64 — **Deux superbes Portières** en peluche de soie grenat.

Encadrées d'une belle bordure complète de tapisserie du XVIe siècle, décorée d'un grand écu armorié à chacun de ses angles.

Ce lot pourra être divisé.

Hauteur, 3^m,50.

65 — **Grande et somptueuse Portière** en peluche de soie verte

Elle se compose d'un grand bandeau de peluche, orné de trois panneaux de cuirs de Venise à fond métallique décoré de fleurs, d'oiseaux et de lions portant couronne du XVIe siècle ; et de deux rideaux, également en peluche de soie verte, ornés, chacun, de cinq panneaux de cuir de Venise du XVIe siècle. Ces panneaux sont entourés de frange de soie de l'époque.

Hauteur, 3^m,50.

66 — **Une Portière** en peluche de soie verte.

Ornée de cinq panneaux de cuirs de Venise du XVIe siècle, faisant pendant à la précédente.

67 — **Une Portière** en peluche de soie verte.

Ornée de cinq panneaux de cuirs de Venise du XVIe siècle, faisant pendant aux précédentes.

68 — **Une Portière** en peluche de soie verte.

Ornée de cinq panneaux de cuirs de Venise du XVIe siècle, faisant pendant aux précédentes.

CRISTAUX DE ROCHE

69 — **Splendide Chapelet.**

Formé de grosses perles en cristal de Roche, taillé et gravé, reliées par une superbe monture en filigramme d'argent doré. Il se termine par une grosse tête de mort taillée en ronde bosse et surmontée d'une couronne royale en argent doré, et par une croix. Le tout de cristal de Roche. Travail du XVIe siècle.

Pièce très rare.

MINIATURES

70 — **Miniature rectangulaire** sur vélin.

Représentant le connétable Anne de Montmorency, revêtu de l'armure et montant un cheval, dont les bardes sont armoriées. Elle est placée dans un beau cadre en cuivre repoussé et doré de la renaissance, décoré, aux angles, de médaillons-bustes, aux montants, de trophées d'armes, et, aux traverses, de rinceaux se terminant en têtes chimériques.

XVIe siècle.

Cadre : Hauteur, 0m,44 ; largeur, 0m,34.

(Vente de La Béraudière, 548 du Catalogue).

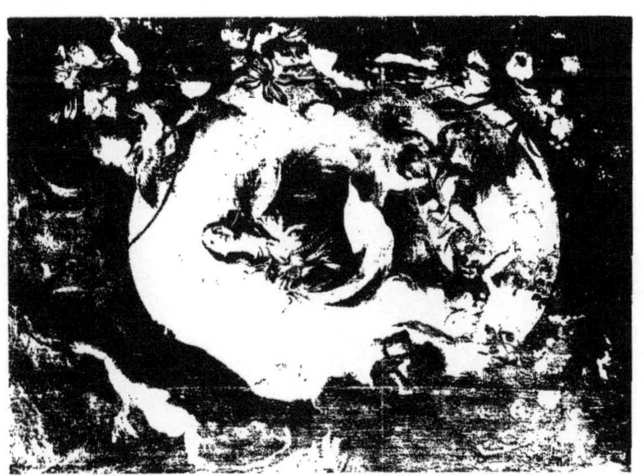

TABLEAUX ANCIENS

MATEO-CEREZO

(École Espagnole)

71 — L'Assomption de la Vierge.

Autour d'un ovale réservé, formé de draperies et d'attributions ornementales, littéralement couvert de plantes et de superbes fleurs, des anges, dans de gracieuses attitudes, jouent avec des glands de cordelières qui émergeant de la draperie.

Au centre de ce gracieux encadrement, occupant l'ovale, la Vierge debout, les mains jointes, ses longs cheveux blonds épars sur les épaules, vêtue d'une tunique cerise à manches serrées et drapée dans un long manteau blanc que couvre en partie un autre manteau bleu flottant, s'élève vers le ciel, le visage rayonnant d'une divine extase (tête absolument traitée dans le sentiment de Guido Reni).

Ce tableau, d'une riante composition, quoique à sujets religieux, et d'un coloris remarquable, passe pour être l'œuvre capitale de ce peintre avec son autre tableau « Les Disciples d'Emmaüs », cité par Charles Blanc dans son histoire des peintres. Il est considéré comme pouvant aller de pair avec les œuvres les plus renommées de Murillo, dont ce maître était le contemporain. Avec cette particularité que, à l'inverse de son émule, tous les modèles de femme qu'il a peints sont blonds.

Toile en parfait état de conservation.

Hauteur, 1m,80; largeur, 1m,40.

ZURBARAN

(École Espagnole)

72 — La Vierge et l'enfant Jésus.

La Vierge assise, la tête inclinée, contemplant l'enfant Jésus, à qui elle donne le sein, est vêtue d'une tunique rouge et d'un manteau bleu qui lui descand jusqu'aux pieds. Elle soutient de ses mains le corps de l'enfant que couvre en partie une layette.

La tête de la Vierge est remarquablement belle et empreinte d'un beau sentiment.

Toile. Signé : Zurbaran, 1668.

Cadre doré.

Hauteur, 1m,20 ; largeur, 0m,77.

73 — Portrait de jeune femme. Ecole française.

Elle est représentée de trois quarts et porte un corsage très décolleté en satin blanc brodé, orné d'une légère fraise de dentelle, un beau collier de perles orne son cou et une longue chaîne de pierres précieuses retombe sur le bas de son corsage.

Peinture sur bois du XVIe siècle. Cadre en ébène.

Hauteur, 0m,33 ; largeur, 0m,27.

74 — Portrait de jeune femme. Ecole française.

Elle est vêtue d'un corsage rose très décolleté et recouvert en partie de dentelle. Elle porte au cou un collier de perles et sur la tête une couronne.

Peinture sur bois du XVIe siècle. Cadre en ébène.

Hauteur, 0m,33 ; largeur, 0m,27.

CLOUET

FRANÇOIS, dit Jehannet (attribué à)

75 — Portrait du duc d'Alençon. École française. XVIe siècle.

Il est représenté debout, de trois quarts, le visage imberbe, le cou entouré d'une fraise, la tête coiffée d'un toquet de velours noir agrémenté de broderies et d'une aigrette de plumes blanches ; vêtu d'un pourpoint de soie blanche brodé d'or et d'un manteau de fourrure jeté sur ses épaules.

Très beau portrait sur toile.

Cadre noir guilloché.

Hauteur, 0m,60 ; largeur, 0m,46.

76 — Portrait du duc de Nassau. École flamande. XVIe siècle.

Il est représenté tête nue, de trois quarts et à mi-corps, la barbe et les cheveux d'un blond roux, le cou entouré d'une fraise, la main droite appuyée sur la hanche et la gauche sur le pommeau de son épée que soutient, autour de sa taille, un riche ceinturon brodé.

Il est vêtu d'un riche pourpoint de velours vert, entièrement brodé d'or, couvert d'un manteau également en velours vert bordé d'une double ganse d'or. Sur son pourpoint pend un ruban soutenant un médaillon.

Portrait d'une belle expression calme.

Toile, cadre doré.

Hauteur, 1m,02 ; largeur, 0m,80.

77 — Portrait du duc d'Argenton. École française. XVIe siècle.

A mi-corps et de trois quarts, tête nue et la barbe en pointe. Il est vêtu d'un riche pourpoint blanc, tailladé à la naissance des hanches, sur lequel s'évase un large col de guipure dentelée couvrant en partie, un colletin d'acier bruni orné de bandes gravées et dorées. La main droite s'appuie sur la hanche et la gauche sur la garde de son épée, que soutient autour de la taille un ceinturon brode.

Sur un rideau de velours, formant le fond du tableau, se détachent ses armoiries.

Hauteur, 1 mètre ; largeur, 0,m84.

Toile. Cadre bois noir avec rehauts d'or.

78 — **Portrait de la duchesse d'Argenton.** Ecole française XVIIe siècle.

Elle est représentée à mi-corps, les cheveux blonds frisés retenus, au sommet de la tête, par un toquet en résille. Elle est vêtue d'une robe de velours noir à panniers, le cou entouré d'un grand col de guipure dentelée, laissant à découvert un collier de perles. De son corsage, très en pointe, pend un autre collier de perles, en sautoir. Sa main droite tient un éventail et la gauche une tulipe.

Mêmes armoiries que sur le précédent, dont il est le pendant.

Hauteur, 1 mètre ; largeur, 0m,84.

Toile. Cadre bois noir avec rehauts d'or.

79 — **Portrait d'homme.**

De trois quarts, tête nue et la barbe grisonnante. Il est vêtu d'un costume noir sur lequel se détache un grand col blanc rabattu, à gauche se voient des armoiries.

Hauteur, 0m,25 ; largeur, 0m,20.

Peinture sur bois du XVIe siècle.

80 — **Portrait d'un jeune seigneur.**

Il est représenté grandeur nature, debout, portant l'armure dite aux soleils d'or, une main appuyée sur son casque, l'autre tient un bâton de commandement.

Peinture flamande du XVIe siècle, cadre bois sculpté et doré.

Hauteur, 2 mètres ; largeur, 1m,17.

81 — **Pietà.**

La Vierge soutient la tête du Christ qu'on vient de descendre de la Croix.

Peinture sur bois, école espagnole, cadre bois doré.

Hauteur, 0m,60; largeur, 0m,40.

82 — **Tableau gothique.** Ecole de Cologne. xve siècle.

Sur un fond d'or gravé, se détachent une sainte et un saint, nimbés d'or. La première, vêtue d'un riche costume du xve siècle et drapée dans un manteau brodé d'or sur lequel flottent ses cheveux, le second, drapé dans un grand manteau rouge tient dans ses mains un calice d'où émerge un serpent. à leurs pieds se voit agenouillé un personnage plus petit, avec la devise « o mater Dei miserere mei ».

Belle et intéressante peinture sur bois du xve siècle.

Hauteur, 1m,04 ; largeur, 0m,60.

83 — **Tableau gothique.** Ecole italienne. xvie siècle.

Sur fond d'or, représentant l'ascension de la Vierge entourée de saints et d'anges.

Panneau dans son cadre doré.

Hauteur, 0m,75 ; largeur, 0m,50.

84 — **Tableau gothique.** Ecole italienne. xve siècle.

Sur un fond d'or gravé, la Vierge assise et vêtue d'un ample vêtement sombre présente l'enfant Jésus à des saints personnages. Cadre bois doré.

Peinture sur bois.

Hauteur, 0m,98 ; largeur, 0.m50.

85 — **Tryptique.** Ecole flamande. XVIe siècle.

Le panneau du milieu représente le Jugement dernier. Le volet de gauche, les portraits des donataires, agenouillés, et celui de droite, ceux des donatrices. Sur les volets extérieurs un saint Georges et un saint Jean.

Peinture sur bois.

Hauteur, 1m,15 ; largeur, 1m,40.

86 — **Rétable.** Ecole italienne. XVIe siècle.

Il est à trois arcatures. Dans celle du milieu, la Vierge auréolée tient l'enfant Jésus dans ses bras. Dans les deux autres, les évangélistes adorant le Seigneur. Peinture sur bois.

Le cadre en bois sculpté peint et doré est surmonté d'une corniche ornée de têtes d'anges.

Hauteur, 1m,30 ; largeur, 1m,75.

87 — **Saint-Georges.** Art italien. XVe siècle.

Il est représenté debout, la tête nimbée, vêtu d'une superbe armure gothique. De la main droite il tient une lance, ornée d'une banderole, dont il perce le démon sous la forme d'un dragon qu'il foule aux pieds.

Très bonne peinture sur bois.

Cadre bois noir.

Hauteur, 0m,90 ; largeur, 0m,65.

88 — **Le Martyre de Saint Etienne.** Ecole italienne. XVIIe siècle.

Peinture sur bois représentant le martyre de ce saint (attribué à Albano).

Cadre bois doré.

Hauteur, 0m,98 ; largeur, 0m,75.

89 — **Tableau gothique.** Ecole allemande XVe siècle.

Recouvert de riches ornements sacerdotaux, tout brodés et dorés, la mitre en tête, la main gauche tenant une main de justice, et la droite bénissant. Un évêque reçoit le serment d'un chevalier, vêtu d'une tunique en velours vert, sur laquelle est jeté un grand manteau rouge; il porte un arc et une flèche.

Belle peinture sur bois à fond d'or gravé. Ecole allemande du XVe siècle.

Hauteur, 1^m,40; largeur, 0^m,90.

90 — **Fragment de triptyque.**

Portraits du donataire et de ses enfants. Il est dans l'attitude de la prière et porte une armure maximilienne, ainsi qu'une épée à deux mains; à ses pieds son casque, la visière relevée, ainsi que son blason.

Intéressante peinture sur bois de l'école allemande, XVIe siècle.

VAN-HERP

91 — **Une scène de Carnaval** dans une ville des flandres.

Au premier plan, on voit passer, attelé de deux chevaux blancs élégamment harnachés, un brillant carrosse portant de grands personnages qui échangent des saluts avec d'autres personnages sortant d'un palais qui borde la chaussée.

Au second plan, une grande place ou s'ebattent une infinité de gens masqués se livrant, par groupes, au plaisir de la danse.

Peinture sur cuivre. Ecole flamande du XVIIe siècle. Cadre doré.

Hauteur, 0^m,80; largeur, 1^m,06.

92 — **Chasse à Courre.** Ecole française XVIIIe siècle.

Au premier plan, à cheval, une grande dame, portrait présumé de la duchesse de Berry, en costume de chasse velours bleu, les cheveux poudrés, coiffée d'un grand chapeau orné de grandes plumes et d'une aigrette blanche, arrive au galop, suivie de nombreux cavaliers, portant l'habit rouge et le chapeau à trois cornes, pour assister à l'hallali d'un cerf qui se débat dans un étang.

Très bonne et charmante peinture de l'époque Louis XVI.

Hauteur, 0m,60 ; largeur, 0m,74.

Provient du château de Saint-Martory. — Vente Duchesse de Berghes.

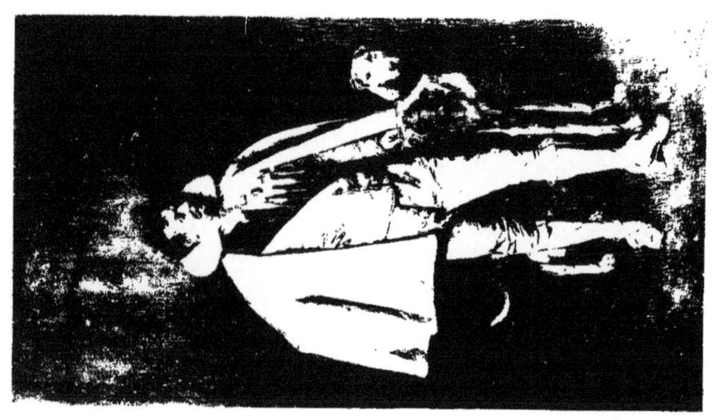

TABLEAUX MODERNES

ROYBET

93 — Portrait de Gentilhomme.

Il est représenté debout, tête nue et de trois quarts, la main droite appuyée sur la hanche, la gauche tenant un lévrier en laisse.

Il est vêtu d'un riche costume, tout blanc, à la mode de Henri III : se composant d'un haut-de-chausses blanc, d'un pourpoint blanc, ornementé d'or, et d'un petit manteau de soie blanche, qui laisse à découvert un riche baudrier.

Les oppositions des blancs qui forment les diverses parties du costume, ainsi que celle qui ressort de la tête du lévrier, font de cette peinture une des œuvres les plus fortes de ce maître, reconnu sans rival pour la couleur.

Cadre doré.

Hauteur, $1^{m},45$; largeur, $0^{m},85$.

Signé en toutes lettres.

94 — Le supplice de Brunehaut.

Au milieu des soldats assemblés pour assister à son supplice on voit les bourreaux, qui, après avoir mis à nu le corps de Brunehaut, lui attachent les liens qui doivent la maintenir sur le cheval indompté qu'on aperçoit se cabrant, debout, la crinière hérissée, et dominant de toute son encolure cette scène d'un mouvement très dramatique.

Superbe grisaille, achetée à la vente de son atelier, avril 1884.

Hauteur, $0^{m},70$; largeur, $0^{m},95$.

Cadre recouvert.

GESA

95 — **Nature morte.**

Sur une table que recouvre le bas d'une tenture de velours rouge, bordée de tapisserie, une réunion de grappes de raisins blancs déborde d'une coupe de bronze qu'entoure une provision de fraises et de pêches, reposant sur une feuille de choux et qu'avoisine un superbe bouquet d'héliotropes.

Tableau d'une belle facture et d'un beau coloris.

Hauteur, $0^{m},95$; largeur, $0^{m},72$.

Signé en toutes lettres.

CASTIGLIONE

96 — **La Sortie du Monastère.**

Des moines, vêtus de blanc, descendent les marches de leur monastère se dirigeant vers le grand portail grillé qui y donne accès. Ils sont précédés de leur supérieur qui s'arrête et s'incline devant une tombe dans l'attitude du recueillement.

L'expression des physionomies est très belle.

Hauteur, $0^{m},70$; largeur, $1^{m},02$.

Signé en toutes lettres.

97 — **Vierge.**

Vêtue d'une tunique rouge et d'un grand manteau bleu portant l'enfant Jésus. Copie faite à Florence d'un tableau de Raphaël.

Hauteur, $1^{m},42$; largeur, $0^{m},85$.

OBJETS VARIÉS

98 — **Harnais artistique.**

En cuir jaune, repoussé, littéralement recouvert d'un superbe dessin Renaissance en relief, tiré de la belle armure de Philippe II qui est à L'Armeria de Madrid.

Travail de bénédictin, qui a demandé plusieurs années à l'artiste pour en venir à bout et qui peut être considéré, comme exécution et difficulté vaincue, à ce qui s'est produit de plus extraordinaire, on peut dire dans tous les temps, dans l'art de la sellerie.

Provient de la vente du duc d'Albe.

TAPIS PERSANS ANCIENS

99 — **Un beau tapis persan.**

Orné de beaux dessins, de superbes coloris, très bel état de conservation.

Longueur, 3m,80 ; largeur, 0m,90.

100 — **Deux beaux tapis persans.**

Riche ornementation de fleurs et arabesques. Parfait état de conservation.

Longueur, 4m,50 ; largeur, 1m,05.

101 — **Tapis persan.**

Très fin dessin d'arabesque avec fine bordure.

Longueur, 2m,75 ; largeur, 1m,25.

TAPIS MODERNES

102 — **Grand tapis.**

En moquette dessin persan. Travail moderne.

ÉTOFFES ANCIENNES

103 — **Superbe couverture** en soie fond bleu.

Brodée au point de chaînette avec une profusion extraordinaire de fleurs de rinceaux et d'oiseaux d'une grande richesse de coloris. Elle est encadrée d'une triple bordure de même travail, terminé par une frange.
Superbe travail persan du XVIe siècle en parfait état de conservation.

Longueur, 2m,70 ; largeur, 1m,86.

104 — **Grande chasuble** et ses deux belles dalmatiques.

En velours rouge du XVIe siècle ; elles sont ornées de magnifiques bandes brodées d'or et de couleurs à arabesques et personnages du XVIe siècle. Les dalmatiques d'une richesse très grande sont ornées de sujets emblématiques entourés de broderies d'or.
Ce lot, vu son importance, sera divisé.

105 — **Très belle chasuble.**

En brocatelle verte à dessins d'or ; elle est ornée de bandes en velours vert, superbement brodée d'arabesques d'or. sur le devant se voit le monogramme du Christ. Magnifique travail du XVIe siècle.

106 — **Très beau lambrequin.**

En velours rouge, il est orné de volutes en application d'étoffe jaune dans laquelle s'entrelacent une profusion de fleurs et d'ornements brodés et en application : il se termine par une broderie dentelée.

Hauteur, 0m,48 ; largeur, 2 mètres.

107 — **Devant d'Autel.**

En velours rouge avec applications de trois personnages en broderie. représentant saint Georges terrassant le dragon entouré de deux figures de saints entouré d'une dentelle d'or.

Hauteur, 0m,80 ; largeur, 2m,20.

108 — **Chasuble** fond cerise.

Entièrement recouverte de broderie d'une grande richesse, représentant des fleurs et des fruits.

Travail du XVIIe siècle.

109 — **Lot considérable.**

De livres anciens, parmi lesquels l'Histoire de Charles VI. Les Commentaires de M. de Folard sur l'Histoire de Falyle, l'Histoire des Gaules, etc., etc.

Ce lot sera divisé.

110 — Lot considérable.

De soie fond cerise avec riche application d'étoffes multicolores formant des dessins et ornés de bandes de même travail de l'époque du XVIe siècle.

111 — Lot considérable.

De bandes brodées et de morceaux d'étoffes Louis XV, Louis XVI et du XVIe siècle.

Ce lot sera divisé.

112 — Lot considérable.

De bouquets de fleurs brodés en soie et or et de bordures formées d'œillets et d'ornements du XVIe siècle.

113 — Deux grands bandeaux.

En brocatelle ornés de bandes en broderies du XVIe siècle.

114 — Chape et son chaperon.

En brocatelle fond argent avec de beaux dessins, époque XVIe siècle.

115 — Très grand lambrequin.

En étoffe d'époque Louis XV.

Longueur, 5 mètres.

116 — **Deux jolis petits panneaux** en satin crème.

Ils sont ornés de rinceaux formés de feuilles en broderie et entourés d'une étroite bordure finement brodée.

117 — **Petit écrau.**

En soie blanche brodé de grosses fleurs. Travail du XVIIe siècle.

118 — **Devant d'Autel.**

En soie formé de bandes de différentes couleurs encadrées par une bordure représentant des plumes de paon.

119 — **Bandeau** en velours cerise du XVIe siècle.

Décoré de grandes volutes multicolores en application et broderies, le haut et le bas sont terminés par une belle frange de l'époque.

Hauteur, 0^m,65 ; largeur, 2^m,60.

120 — **Tapis.**

Fond soie bleu avec applications d'étoffes et de broderies au cordonnet. Travail persan du XVIe siècle.

Hauteur, 0^m,98 ; largeur, 1^m,82.

121 — **Dessus de Canapé et deux fauteuils.**

Sièges et dossier en velours, frappé Empire.

DIVERS

122 — **Petit Portail.**

En fer forgé et à deux battants XVIIe siècle.
Provient de la vente Roybet.

123 — **Vierge et l'Enfant.**

Statuette en ivoire. Ecole espagnole, XVIIe siècle.

LIVRES ANCIENS

124 — **Recueil de 125 Gravures,** représentant en pied, les principaux empereurs, rois, princes et archiducs de l'Europe, revêtus de leurs plus belles armures et formant l'histoire la plus complète des armes défensives du XIIe au XVIe siècle.

Au revers de chaque gravure, la généalogie du portrait, en latin. 1 vol. gr. in-f°. *Imprimé et gravé en 1601.*

Ouvrage extrêmement rare et d'une utilité indispensable à tout amateur d'armes.

125 — **Environ 30 volumes de Livres anciens**. Ce lot sera divisé.

LIVRES MODERNES

126 — **Chine**. Album de mœurs et coutumes colorié. Belle reliure mar. brun, ornée de ferrures.

127 — **Château de Blois**. Album de reproduction d'ouvrages d'architecture du XVIe siècle.

128 — **Basilewsky** (Collection). Catalogue raisonné par Darcel et Basilewski. *Paris*, 1874. 1 vol. de texte, 1 vol de planches in-f°.

129 — **Armeria Real de Madrid**. Texte par Achille Jubinal, dessins de Gaspard Senti, gravures de Fanardo. gr. in-f°. cart.
Edition très rare.

130 — **Album** de planches et gravures composant la collection d'armes du prince Charles de Prusse. *Berlin*, 1836, texte en allemand. 1 vol. dossier veau.

131 — **Bonneville**. Traité des monnaies d'or et d'argent. *Paris*, an XIII de la République. 1 vol. gr. in-4°, dos maroquin rouge.

132 — **Versailles**. Salle des Croisades, armoiries et tableaux. 1 vol. gr. in-f°, dos et coins maroquin rouge.

133 — **Armengaud**. Les Galeries publiques de l'Europe. *Paris, Laburе*, 1867. 3 vol. in-f°, carton rouge.

134 — **Jacquemin** (R.). Histoire générale du costume civil, religieux et militaire du IVe au XIIe siècle. *Paris, Delagrave*. s. d., in-4°, fig. en couleurs, demi-reliure, maroquin chagriné rouge, tranches dorées.

135 — **Thausing** (Moritz). Albert Dürer, sa vie et ses œuvres, traduit de l'allemand par Gustave Gruyer, *Paris, Firmin-Didot*, 1878, gr. in-8°, portraits et figures, demi-reliure, maroquin brun, dos et coins, tête dorée, non rogné.

136 — **Labarte** (Jules). Histoire des arts industriels au moyen âge et à l'époque de la renaissance. Édition ornée de 50 chromo-lithographies, par Regamey, de 29 gravures platino-héliographies, tirées hors texte et de 80 vignettes et culs-de-lampe. *Paris, Veuve Morel*, 1872, 3 vol. gr. in-4°, demi-maroquin rouge, avec coins, tête dorée, non rognés.

137 — **Froissart** (Jehan). Les chroniques. Édition abrégée avec texte rapproché du français moderne par Mme de Witt, née Guizot, avec 11 chromo-lithographies, 12 lettres et titres imprimés en couleurs et en or, 2 cartes, 33 gravures hors texte et 252 gravures dans le texte, d'après les manuscrits et les monuments de l'époque. *Paris, Hachette*, 1881, in-8° jésus, demi-maroquin rouge, avec coins, dos orné, filet, tête dorée.

138 — **Périer** (F.-B.). Cent statues dessinées et gravées à Rome en 1638. *Paris, A. Morel, s. d.*, in-4°, planches, demi-reliure, maroquin, chagriné rouge, dos et coins, tête dorée, non rogné.

139 — **Plon** (Eugène). Benvenuto Cellini, orfèvre, médailleur, sculpteur : recherches sur sa vie, sur son œuvre et sur les pièces qui lui sont attribuées : eaux-fortes de Paul Le Rat. *Paris, E. Plon*, 1883, 2 vol. in-4°, dont 1 de planches, demi-reliure, maroquin rouge, dos et coins, tête dorée, non rognés.

L'un des 100 exemplaires d'artistes, avec les planches en triple état, sur papier de Chine volant avant la lettre et sur papier de Chine avant la lettre, tirées en bistre.

140 — **Giraud** (J.-B.). Les Arts du métal, recueil descriptif et raisonné des principaux objets ayant figuré à l'Exposition de 1880, de l'Union centrale des beaux-arts. *Paris, A. Quantin*, 1881, in-f°, figure, demi-reliure, maroquin brun, dos et coins, tête dorée, non rogné.

141 — **Hoffmann et Kellerhoven**. Recueil de dessins relatifs à l'art

de la décoration chez tous les peuples et aux plus belles époques de leur civilisation ; ouvrage orné de 80 planches dont 41 par les procédés chromo-lithographiques. *Paris, A. Lévy*, 1858, 2 tomes en 1 vol. in-f°, demi-maroquin du Levant avec coins, tête dorée, planches sur onglets.

142 — **Michaud.** Histoire des Croisades. Illustrée de cent grandes compositions, par Gustave Doré. *Paris, Furne, Jouvet*, 1877, 2 vol. in-f°, figure, demi-reliure, maroquin vert, dos et coins, tête dorée, non rognés.

Exemplaire en grand papier de Hollande.

143 — **Lacroix** (Paul). Louis XII et Anne de Bretagne, chronique de l'histoire de France. *Paris, Georges Hurtrel*, 1882, gr. in-8°, figures en noir, en or et en couleurs, maroquin rouge, filets, dos orné, dentelé intérieurement, tranches dorées.

Exemplaire en grand papier vélin.

144 — **Lacroix** (Paul). Les Arts au moyen âge et à l'époque de la Renaissance. *Paris, Firmin-Didot*, 1877, gr. in-8°, fig. en noir et en couleurs, demi-reliure, maroquin rouge, dos et coins, tête dorée, non rogné.

L'un des 100 exemplaires tirés sur papier à la forme.

145 — **Lacroix** (Paul). Sciences et lettres au moyen âge et à l'époque de la Renaissance. *Paris, Firmin-Didot*, 1877, gr. in-8°, figure en noir et en couleurs, demi-reliure, maroquin rouge, dos et coins, tête dorée, non rogné.

L'un des 100 exemplaires tirés sur papier à la forme.

146 — **Lacroix** (Paul). Mœurs, usages et costumes au moyen âge et à l'époque de la Renaissance. *Paris, Firmin-Didot*, 1877, gr. in-8°, figure en noir et en couleurs, demi-reliure, maroquin rouge, dos et coins, tête dorée, non rogné.

L'un des 100 exemplaires tirés sur papier à la forme.

147 — **Lacroix** (Paul). Vie militaire et religieuse, au moyen âge et à

l'époque de la Renaissance. *Paris, Firmin-Didot*, 1877, gr. in-8°, figure en noir et en couleurs, demi-reliure, maroquin rouge, dos et coins, tête dorée, non rogné.

L'un des 100 exemplaires tirés sur papier à la forme.

148 — **Lacroix** (Paul). XVIIe siècle, institutions, usages et costumes. France, 1590-1700. *Paris, Firmin-Didot*, 1880, gr. in-8°, figure en noir et en couleurs, maroquin rouge, filet, dos orné, dentelé intérieurement, tranches dorées.

149 — **Lacroix** (Paul). XVIIe siècle, lettres, sciences et arts. France, 1590-1700. *Paris, Firmin-Didot*, 1882, gr. in-8°, figure en noir et en couleurs, maroquin rouge, filet, dos orné, dentelé intérieurement, tranches dorées.

150 — **Lacroix** (Paul). XVIIIe siècle, institutions, usages et costumes. France, 1700-1789. *Paris, Firmin-Didot*, 1875, gr. in-8°, figure en noir et en couleurs, maroquin rouge, filet, dos orné intérieurement, tranches dorées.

151 — **Lacroix** (Paul). XVIIIe siècle, lettres, sciences et arts. France, 1700-1789. *Paris, Firmin-Didot*, 1878, gr. in-8, figure en noir et en couleurs, maroquin rouge, filets, dos orné, dentelé intérieurement, tranches dorées.

152 — **Lacroix** (Paul). Directoire, Consulat et Empire, mœurs et usages, lettres, sciences et arts. France, 1795-1815. *Paris, Firmin-Didot*, 1884, gr. in-8°, figures en noir et en couleurs, broché.

Exemplaire en grand papier.

153 — **Dante Alighieri**. L'Enfer, avec les dessins de Gustave Doré, traduction française de Pier-Angelo Fiorentino, accompagnée du texte italien. *Paris, Hachette*, 1877, in-f°, portraits et figures, demi-reliure, maroquin rouge, dos et coins, tête dorée, non rogné.

154 — **Dante Alighieri**. Le Purgatoire, avec les dessins de Gustave Doré, traduction française de Pier-Angelo Fiorentino, accompagnée du texte italien. *Paris, Hachette*, 1872, in-f°, figure, demi-reliure, maroquin rouge, dos et coins, tête dorée, non rogné.

155 — **Orbigny** (Charles d'). Dictionnaire universel d'histoire naturelle. *Paris, Renard et Martinet,* 1849, 13 volumes de texte et 3 volumes de planches coloriées. Ensemble 16 volumes in-8°, demi-reliure, maroquin rouge, dos et coins, tête dorée, non rognés.

156 — **Cervantes Saavedra** (Miguel). L'Ingénieux Hidalgo don Quichotte de La Manche, traduction de Louis Viardot, avec les dessins de Gustave Doré. *Paris, Hachette,* 1863, 2 vol. in-f°, figures, demi-reliure maroquin vert, dos et coins, tête dorée, non rognés.

157 — **Scribe** (Eugène). Œuvres complètes. *Paris, Delahays,* 1858, 17 tomes en 7 vol. gr. in-8°, figures, demi-reliure, maroquin rouge, dos et coins, tête dorées, non rognés.

158 — **Ségur** (le général comte de). Histoire de Napoléon et de la grande armée pendant l'année 1812. *Paris, Delaroque,* 1852, 2 vol. in-8°, portraits, demi-reliure, maroquin vert, dos et coins, tête dorée, non rognés.

159 — **Guizot.** Corneille et son temps, étude littéraire. *Paris, Didier,* 1858, in-8°, demi-reliure maroquin brun, dos et coins, tête dorée, non rogné.

160 — **Guizot.** Histoire de la civilisation en Europe et en France, depuis la chute de l'empire romain. *Paris, Didier,* 1860, 5 vol. in-8°, portrait, demi-reliure maroquin brun, dos et coins, tête dorée, non rognés.

161 — **Guizot.** Discours académiques, suivis des discours prononcés pour la distribution des prix au concours général de l'Université. *Paris, Didier,* 1861, in-8°, demi-reliure, maroquin brun, dos et coins, tête doree, non rogné.

162 — **Guizot.** Dictionnaire universel des synonymes de la langue française. *Paris, Didier,* 1863, in-8°, demi-reliure maroquin brun, dos et coins, tête dorée, non rogné.

163 — **Guizot**. L'Eglise et la société chrétienne en 1861. *Paris, Michel Lévy*, 1861, in-8°, demi-reliure maroquin brun, dos et coins, tête dorée, non rognés.

164 — **Guizot**. Méditations et Etudes morales. *Paris, Didier*, 1861, in-8°, demi-reliure maroquin brun, dos et coins, tête dor., non rogné.

165 — **Guizot**. Etudes sur les beaux-arts en général. *Paris, Didier*, 1858, in-8°, demi-reliure maroquin brun, dos et coins, tête dorée, non rogné.

166 — **Guizot**. Abailard et Héloïse, essai historique, suivi des lettres d'Abailard et d'Héloïse, traduites par M. Oddoul. *Paris, Didier*, 1853, in-8°, demi-reliure maroquin brun, dos et coins, tête dorée, non rogné.

167 — **Guizot**. Méditations sur l'essence de la religion chrétienne. *Paris, Michel Lévy*, 1866, in-8°, demi-reliure maroquin brun, dos et coins, tête dorée, non rogné.

168 — **Tilloy** (Abbé). Les Sanctuaires de Rome. Illustré. *Paris, Bourgeois*, 1868, grand in-4°, cartonné.

169 — **Bayard**. Histoire du Gentil Chevalier. 1 vol. grand in-8°, maroquin brun, filet, dos orné, dent. int., tranche dorée.

170 — **Jullien** (Ad.). Histoire du costume au théâtre, illustré de 27 dessins. *Paris, Charpentier*, 1880, 1 vol. grand in-8°, dos et coins, maroquin rouge.

171 — **Littré**. Dictionnaire, 5 vol., dos cuir.

172 — **Le Sage**. Gil-Blas de Santillanne. Illustré par Messonnier, 1 vol. grand in-8°, dos et coins, maroquin jaune.

173 — **Barberot** (E.). Traité pratique de Serrurerie d'Art, 870 figures, 1 vol. in-8°, broché.

174 — **Foulquier** (V.). Caractères de Labruyère. 18 gravures. Eau-forte. 1 vol. in-4°, dos et coin. maroquin vert.

175 — **Dictionnaire de la Conversation**. 16 vol. in-4°, dos et coins, maroquinerie rouge.

176 — **Vapereau**. Dictionnaire des Contemporains. 1 vol. relié.

177 — **Rabelais** (Œuvres de). Illustrations de Gustave Doré. *Paris, Garnier Frères*, 1873. 2 vol. grand in-f°, reliés carton rouge, non rognés.

178 — **Montalembert** (Comte de). Monuments de l'histoire de sainte Elisabeth de Hongrie. Illustrations d'après les plus grands peintres *Paris, Noblet*, 1840, grand in-f°, cartonné.

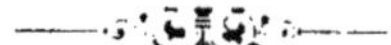

NICE. — TYPOGRAPHIE & LITHOGRAPHIE MALVANO, RUE GARNIER, 1

www.ingramcontent.com/pod-product-compliance
Ingram Content Group UK Ltd.
Pitfield, Milton Keynes, MK11 3LW, UK
UKHW020350180726
13839UKWH00003B/1019

9 782329 548616